LA GRANDE IMAGERIE

LA MONTAGNE

Auteur
Agnès VANDEWIELE

Illustrations
Marie-Christine LEMAYEUR
Bernard ALUNNI

Collection créée et conçue par
Émilie BEAUMONT

FLEURUS

GROUPE FLEURUS, 15-27, rue Moussorgski, 75018 PARIS
www.editionsfleurus.com

PETIT LEXIQUE

L'eau, la neige et la glace alimentent torrents, rivières et lacs et façonnent sommets, glaciers, vallées et gorges. Le climat se caractérise en altitude par une chute des températures de 0,7 °C chaque fois qu'on monte de 100 m. Il existe également une forte variation de température entre le jour et la nuit. Les saisons sont elles aussi très contrastées, les étés courts et chauds, les hivers longs et froids. Selon l'altitude, on distingue différentes zones de végétation, appelées étages. À chaque étage correspondent une faune et une flore particulières.

Les pics ①

En altitude, le gel ronge et fragmente les roches, créant ainsi des pics acérés. Selon la forme que prennent les pics, on les appelle aiguilles, dents, arêtes ou crêtes.

Les vallées ②

Le ruissellement des eaux façonne le paysage. Les torrents donnent naissance à des vallées encaissées, les fleuves à de larges vallées en aval.

*L'**ubac** est le versant de la montagne exposé au nord. Il est souvent à l'ombre, et plus humide que l'adret. Il est en grande partie occupé par la forêt.*

*L'**adret** est le versant de la montagne exposé au sud et à l'est. Ce versant est le plus chaud et le plus ensoleillé, c'est pourquoi les hommes y ont installé villages et cultures.*

L'amont

Par rapport à un endroit donné, c'est la partie d'un cours d'eau qui se trouve du côté de la source.

L'aval

C'est la partie d'un cours d'eau qui se situe entre le lieu où l'on se trouve et l'embouchure du cours d'eau.

Des montagnes anciennes
avec leurs sommets arrondis

Le Kilimandjaro
(Afrique)

Alpiniste

Les montagnes Rocheuses
(Amérique du Nord)

Une saxifrage

Un ours brun
et son petit

Le cirque de Gavarnie
dans les Pyrénées (France)

Le massif du Hoggar
(Afrique)

Une montagne jeune
avec son sommet pointu
appelé « pic »

Le col ③

Un col est une rupture de la crête formant un passage par lequel on peut franchir la montagne.

Le glacier ④

Un glacier se forme lorsque la neige accumulée, devenue compacte, se transforme en glace et s'écoule lentement le long d'un versant. Ce fleuve de glace emporte avec lui des débris qui rabotent les roches et sculptent le paysage.

Le pierrier ⑤

Quand la pluie, la glace, le vent, les écarts de température, les périodes de gel et de dégel se succèdent, les rochers éclatent et se désagrègent en blocs de toutes tailles. En tombant des rochers, ces pierres forment des éboulis, ou pierriers.

Le torrent ⑧

À la fonte des neiges, la neige et la glace accumulées peuvent se transformer en torrent impétueux au cours rapide. Les torrents charrient des rochers qui s'amoncellent en aval.

La cascade ⑥

Le cours de la rivière s'interrompt parfois brusquement lorsqu'il arrive à une falaise. La rivière forme alors une cascade, une chute d'eau qui peut être spectaculaire si elle dévale une haute falaise.

La rivière ⑦

Les rivières peuvent naître de glaciers, de sources qui jaillissent dans les pelouses alpines, ou encore de petits lacs situés en altitude.

Le lac ⑨

Les lacs d'altitude occupent des cuvettes formées par des glaciers qui ont creusé le sol.

LA FORMATION DES MONTAGNES

La surface de la Terre est constituée d'une douzaine de plaques rigides qui dérivent sous l'influence des courants chauds circulant dans les profondeurs de la planète. Ces plaques, tels des radeaux, se heurtent ou coulissent les unes contre les autres, faisant surgir montagnes et volcans. Mais ces mouvements sont très lents, il faut des millions d'années pour qu'une montagne apparaisse. Ainsi, le choc entre les plaques indienne et asiatique, qui, il y a 50 millions d'années, a fait naître l'Himalaya, n'est pas terminé : il progresse d'environ 5 cm par an.

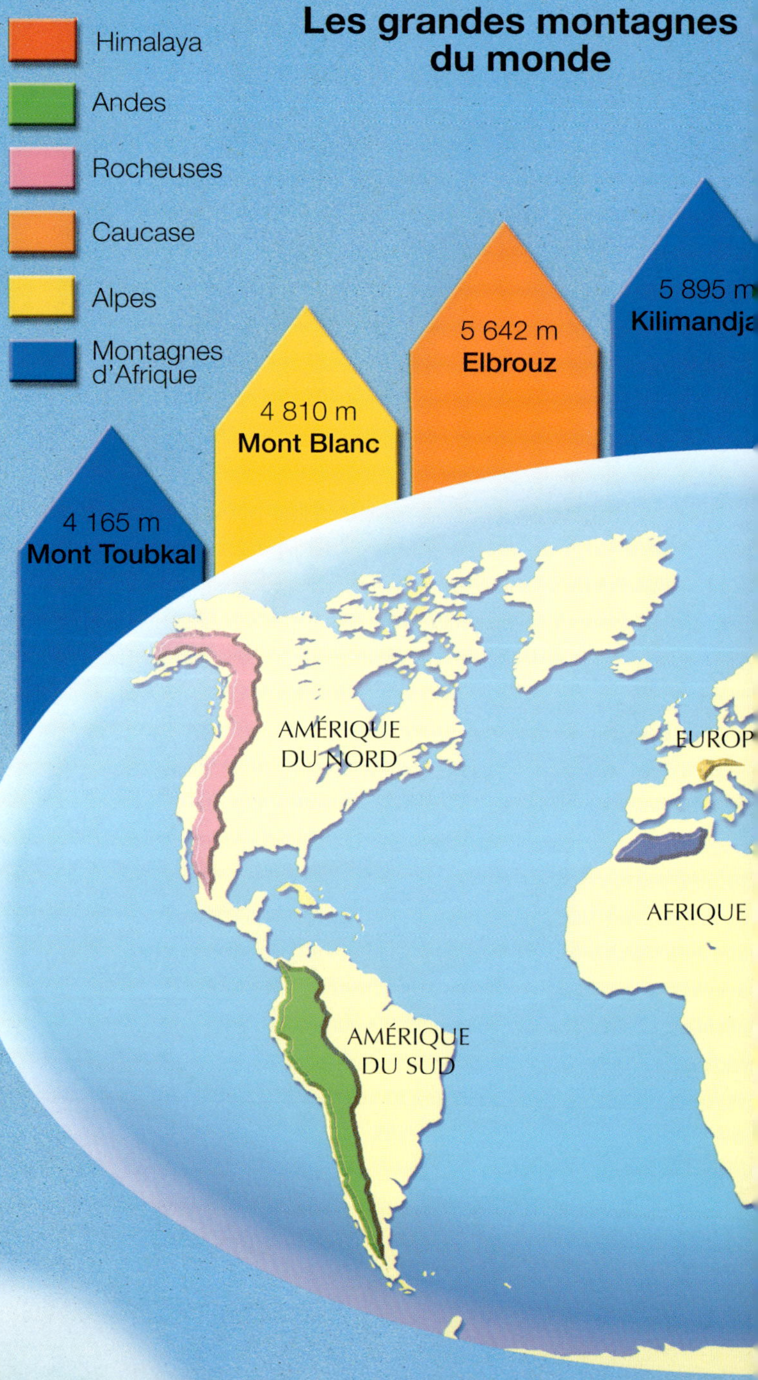

Naissance des montagnes

Les montagnes naissent de la rencontre de deux plaques de l'écorce terrestre qui portent soit les continents, soit les océans. Les Andes sont ainsi nées de la rencontre d'une plaque océanique, la plaque de Nazca, et d'une plaque continentale, la plaque sud-américaine.

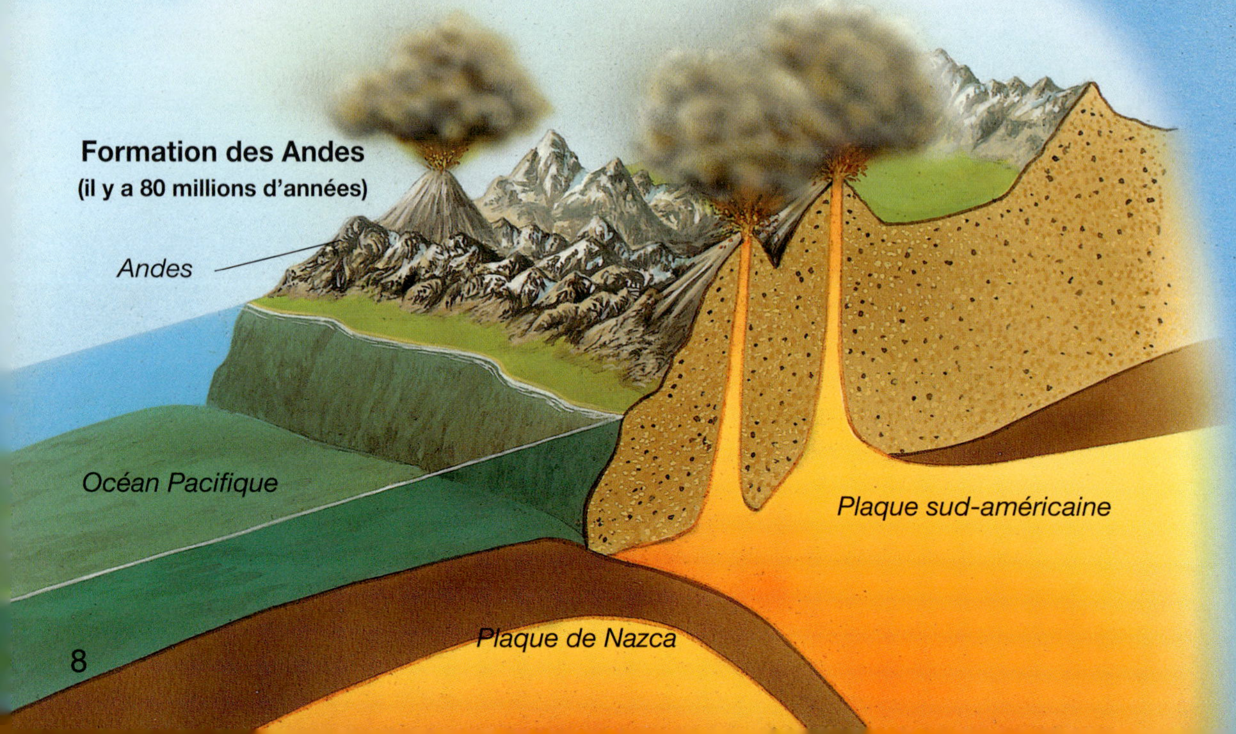

La formation des Andes

La croûte océanique, plus dense, s'est enfoncée sous le continent dans le manteau terrestre. Il en est résulté une forte activité volcanique et tectonique qui a créé une chaîne de montagnes de 8 000 km de long : la cordillère des Andes. L'Himalaya et les Alpes, pour leur part, sont nés de la collision de deux plaques continentales.

Les montagnes jeunes

Les montagnes jeunes se sont formées à l'ère tertiaire, il y a 50 à 70 millions d'années. On compte parmi elles les Andes, les Alpes et l'Himalaya. Dans ces longues chaînes qui s'étendent sur plusieurs dizaines de milliers de kilomètres s'élèvent les plus hauts sommets du monde. Ainsi l'Himalaya compte 14 sommets dont l'altitude dépasse les 8 000 m. Dans les Andes, les sommets enneigés culminent à plus de 6 000 m, et certains volcans géants, comme le Cotopaxi (5 897 m), en Équateur, sont toujours en activité.

Les massifs anciens

Les montagnes anciennes sont nées à l'ère primaire, il y a 300 à 400 millions d'années environ. Avec le temps, leurs sommets, soumis à l'érosion (action de l'eau, du vent, de la neige ou du froid qui use les sommets), ont été aplanis et ont adopté des formes arrondies. L'altitude de ces montagnes a donc diminué et s'élève en moyenne à 1 500 m. On trouve des massifs anciens en Europe : le Massif central et les Vosges en France, les Highlands en Écosse ou l'Oural en Russie ; en Amérique du Nord : les Appalaches ; et aussi en Afrique : le Hoggar.

LES GLACIERS

Un glacier est une masse d'eau gelée en permanence, formée par une accumulation de neige et qui se déplace très lentement, emportée par son propre poids. Les glaciers renferment les 2/3 des réserves d'eau douce de la planète et régulent la température en renvoyant les rayons du soleil. Ce sont aussi de véritables châteaux d'eau qui alimentent de grands fleuves. Actuellement, avec le réchauffement climatique, la superficie des glaciers diminue. Dans les Alpes et les Andes, les plus petits pourraient disparaître dans 20 ou 30 ans.
Le Kangerdlugssuaq, au Groenland, est l'un des glaciers qui fond le plus vite (environ 14 km par an).

Un glacier

Au-dessus de la limite des neiges éternelles, la neige ne fond pas. Elle s'accumule sur plus de 20 m d'épaisseur. Sous ce poids énorme, la couche inférieure se tasse en une masse gelée : le névé. Quand, sous la pression, tout l'air est chassé, le névé se transforme en un glacier très lourd qui se met à glisser lorsque la glace atteint 60 m d'épaisseur environ.

La glace, en se déplaçant tel un bulldozer, rabote les roches, arrache et transporte les matériaux et creuse de larges vallées.

Dans les Andes, au sud-ouest de la Patagonie, le parc national de Los Glaciares compte environ 300 glaciers. Parmi eux, le Perito Moreno, d'une belle couleur bleue, a la particularité d'être l'un des rares glaciers en expansion. Long de 23 km et large de 4 km, il s'étend de quelques centimètres chaque mois. Comme sa langue glacière avance peu à peu dans le lac Argentino, il en obstrue régulièrement un bras, créant ainsi un barrage naturel. Mais, aujourd'hui, menacé par le réchauffement climatique, il semble cesser de progresser.

Les glaciers du monde

Les glaciers sont présents des pôles à l'équateur. On distingue deux grands types de glaciers : les inlandsis et les glaciers de montagne. Les inlandsis sont des calottes glaciaires recouvrant l'Antarctique et le Groenland. Quand ils se fragmentent, ils forment des icebergs qui flottent sur les océans. Les glaciers de montagne, eux, ne représentent que 3 % des glaciers du monde. Dans l'Himalaya, c'est au cœur du massif du Karakoram que l'on trouve la plus forte concentration de glaciers. En Islande, sur 8 300 km², s'étend le plus grand glacier d'Europe, le Vatnajökull, presque aussi vaste que la Corse.

On distingue 3 zones dans un glacier : la zone d'alimentation ① où la neige s'accumule, la zone d'ablation ② ou zone de fonte (la limite entre ces 2 zones est appelée ligne d'équilibre), et enfin la langue du glacier ③, qui avance ou recule selon que l'alimentation est supérieure ou inférieure à la fonte.

La fonte des glaciers

Avec le réchauffement climatique, la fonte des glaciers s'accélère. Ainsi, le glacier du Rhône, en Suisse, a fortement diminué, comme on le constate sur les deux dessins ci-dessous : on voit qu'entre 1849 et aujourd'hui le glacier s'est retiré de la vallée. Si les températures estivales continuent d'augmenter, les scientifiques pensent que 50 à 80 % des glaciers alpins pourraient disparaître d'ici 2100. Cette fonte aurait de multiples conséquences : les fleuves européens seraient moins bien alimentés ; des lacs se formeraient et pourraient inonder des vallées ; des blocs de glace (séracs) s'effondreraient et certains domaines skiables disparaîtraient, causant la fermeture de la moitié des stations alpines d'ici 2050.

Le glacier du Rhône en 1849

Le glacier du Rhône aujourd'hui

On estime que, en Afrique, 80 % des glaciers ont fondu entre 1912 et 2000. Les neiges du Kilimandjaro risquent de disparaître d'ici 2020. Au Népal et au Bhoutan, 44 lacs glaciaires menacent de déborder et de submerger plusieurs vallées.

L'HIMALAYA

La chaîne himalayenne s'étend sur 2 500 km entre les plaines humides de l'Inde et les hauts plateaux secs de la Chine. Elle traverse le Pakistan, l'Inde, la Chine (Tibet), le Népal et le Bhoutan. Avec 14 sommets culminant à plus de 8 000 m, l'Himalaya est la plus haute chaîne du monde. On y trouve une grande diversité de paysages : jungle, plaines, hauts plateaux, glaciers. Dans le grand Himalaya, l'Annapurna (8 078 m), au nord du Népal, est le premier sommet de plus de 8 000 m gravi par l'homme (Maurice Herzog en 1950). À l'ouest de l'Himalaya se dresse le K2 (8 611m), deuxième point culminant du monde.

L'Everest

L'Everest, qui culmine à 8 850 m, est le toit du monde, le sommet le plus élevé de la planète. La montagne porte le nom de sir George Everest, colonel britannique qui a établi le premier relevé cartographique de la chaîne. De nombreux touristes pratiquent le trekking, randonnées dans l'Himalaya, et des alpinistes du monde entier viennent faire l'ascension de l'Everest. Ils disposent d'un camp de base situé à 5 400 m, au pied d'un glacier.

Les versants de l'Himalaya sont aménagés en terrasses bordées de petits murs de pierres.

Les cultures

En basse et moyenne montagne, les cultures en terrasses sont consacrées au riz, au maïs, au millet et aux haricots. Dans les hautes vallées intérieures, entre 2 500 et 4 300 m d'altitude, où le climat est froid et sec, dominent l'orge, le blé et le sarrazin. Les champs sont irrigués grâce à la fonte des neiges et des glaciers. L'orge sert à fabriquer la *tsampa*, galette au beurre de yak, base de l'alimentation des peuples de l'Himalaya. Sur les hauts plateaux, les nomades drokpas élèvent des chèvres et des yaks.

Dans le camp de base, il y a des tentes-cuisines, des tentes-repos, et une tente-hôpital.

Des porteurs, ou sherpas, viennent ravitailler le campement.

Des montagnes sacrées

Le mont Kailash (6 714 m) est un lieu sacré qu'aucun homme n'a jamais escaladé. Il est vénéré par les fidèles de quatre religions : les hindous, les bouddhistes, les jaïns et les bon-po. Les pèlerins font le tour rituel de la montagne en égrenant un rosaire ou en faisant tourner un moulin à prières. Le parcours, jalonné de drapeaux de prières et de haltes pour les offrandes, est long de 52 km. Il faut environ 3 jours pour l'effectuer.

*L'**ibex** est un bouquetin. On raconte que, avec le duvet de sa gorge qu'il laisse après la mue sur les épineux, on peut tisser un châle très fin.*

*L'**ours à collier** porte ce nom en raison des poils blancs formant un V qui ornent sa fourrure noire. Il pèse 100 à 130 kg et mange de tout (miel, insectes, baies, fruits, glands…).*

Les yaks de l'Himalaya

Les yaks vivent entre 3 000 et 5 000 m d'altitude. Leurs poils épais les protègent du froid. Très résistants, ils peuvent porter de lourdes charges sur de longues distances et emprunter les sentiers les plus escarpés. Aussi sont-ils utilisés comme bêtes de somme. Avec leurs poils, on fabrique cordages et tentes ; avec leurs sous-poils, vêtements et couvertures ; leur bouse sert de combustible. Avec le lait de la dri, la femelle, on fait du fromage et du beurre.

LES ANDES

La cordillère des Andes serpente sur 8 000 km environ en Amérique du Sud, du nord de l'Équateur à la Terre de Feu. C'est la plus longue chaîne de montagnes du monde. Les Andes traversent 7 pays : Venezuela, Colombie, Équateur, Pérou, Bolivie, Chili et Argentine. Le plus haut volcan du monde, l'Aconcagua, en Argentine, s'élève à 6 959 m. Au Pérou, la Cordillera Blanca forme la chaîne de montagnes glaciaires la plus étendue sous les tropiques. Elle compte plus de 70 sommets de plus de 5 000 m, et 11 dépassant les 6 000 m. Le Nevado Huascaran y culmine à 6 768 m.

La cordillère des Andes

C'est une chaîne composée de deux cordillères montagneuses séparées par une région de hauts plateaux, l'Altiplano, long de 1 500 km et situé à 3 500 m d'altitude. Les Andes, peuplées depuis plus de 20 000 ans, sont le berceau de grandes civilisations comme les Incas. Ces peuples se sont adaptés à la vie en altitude.

Situé entre le Pérou et la Bolivie et perché à 3 800 m d'altitude, le lac Titicaca est le plus haut lac navigable du monde. Il reste encore sur ses rives quelques communautés de pêcheurs, mais beaucoup vivent du tourisme.

Pêcheur sur le lac Titicaca

Les Indiens fabriquent des objets d'artisanat : ponchos, tapisseries, vêtements en laine d'alpaga, bijoux en or et en argent...

La vie dans les Andes

Sur les versants des Andes, les Indiens, appelés ainsi par Christophe Colomb, qui, quand il découvrit l'Amérique, crut d'abord être arrivé en Inde, cultivent maïs, pommes de terre, haricots, courges, blé et orge ; ils élèvent lamas, alpagas et volailles. Pour vendre leurs produits, ils se rendent, souvent en camion, sur les marchés des villages et bourgs environnants.

*Le **condor des Andes** est le plus grand des vautours : ses ailes mesurent jusqu'à 3 m d'envergure, et son poids peut atteindre 12 kg. Il est capable de planer pendant des heures à la recherche de cadavres d'animaux.*

Pour cultiver la terre, ils ont construit des champs en terrasses jusqu'à 4 500 m d'altitude. La Paz, en Bolivie, bâtie entre 3 500 et 4 000 m d'altitude, est la plus haute capitale du monde.

*Le **Salar de Uyuni**, dans l'Altiplano est, avec plus de 10 000 km², la plus grande saline du monde.*

Le Machu-Picchu

Cette cité inca du Pérou, l'une des merveilles du monde, n'a été découverte qu'en 1911. Elle était jusqu'alors envahie par la forêt vierge. Située à 2 400 m d'altitude, elle est installée sur un éperon rocheux. C'est une citadelle qui abritait jardins, palais et temples ; elle témoigne de la grandeur de la civilisation inca, devenue dès le XIIIe siècle un vaste empire très organisé qui s'est éteint avec l'arrivée des Espagnols dans la première moitié du XVIe siècle.

*Le **lama**, domestiqué il y a plus de 5 000 ans, est de la même famille que le chameau. Il est couvert d'une épaisse toison et son sang, riche en globules rouges, lui permet de vivre jusqu'à 6 000 m d'altitude sans souffrir du manque d'oxygène. Le lama sert d'animal de bât, il peut porter des charges de 30 kg sur 20 km. On consomme aussi sa viande. Ses cousins sont l'**alpaga**, élevé pour sa laine très douce, ainsi que le guanaco et la vigogne, qui vivent à l'état sauvage.*

EN AMÉRIQUE DU NORD

Les montagnes Rocheuses s'étendent sur plus de 5 000 km dans l'ouest du Canada et des États-Unis. De nombreux sommets dépassent les 4 000 m, le point culminant étant le mont Elbert (4 399 m). Les Rocheuses, nées il y a 70 millions d'années, sont des montagnes jeunes parsemées de hauts plateaux, de volcans et de profonds canyons. Dans les parcs nationaux, on trouve des curiosités géologiques ainsi qu'une faune et une flore riches. Mais c'est dans la chaîne de l'Alaska que se dresse le plus haut sommet d'Amérique du Nord : le McKinley (6 194 m).

Les Rocheuses canadiennes

Au Canada, les montagnes Rocheuses s'étirent sur 1 600 km de long jusqu'à la frontière occidentale du pays, pour se prolonger en Alaska. Le parc national de Banff,

*Les **rangers** protègent la faune et la flore, entretiennent les sentiers et détectent les feux de forêt.*

Le parc de Yellowstone

Créé en 1872, c'est le premier parc national du monde et, avec ses 9 000 km², le plus grand des États-Unis. Sa création a permis de sauver les bisons de l'extinction. Le parc abrite trois immenses lacs appelés « caldeiras », des sources, des fumerolles et près de 300 geysers qui jaillissent à la surface du sol.

Au cœur de Yellowstone, le Prismatic Lake doit ses magnifiques couleurs aux algues qui y vivent.

*Le **grizzli** est gigantesque. Il a une face large et aplatie et une bosse sur les épaules qui le distingue des ours noirs. Le mâle peut peser de 300 à 450 kg. Ses griffes très longues lui servent à tuer ses proies, élans ou caribous. Il se nourrit aussi de poissons, de plantes et de petites bêtes. On le trouve au Canada et en Alaska.*

au cœur des Rocheuses, est le premier parc national canadien. Il couvre 6 680 km^2, dans un paysage dominé par des pics spectaculaires, des lacs, des glaciers et des sources chaudes. Trois autres parcs nationaux canadiens sont situés dans les Rocheuses : celui de Kootenay, celui de Yoho et celui de Jasper, le plus vaste.

Le mont McKinley

La haute pyramide du mont McKinley, qui émerge de la chaîne de l'Alaska et culmine à 6 194 m, est aussi appelée « Denali » (« le grand », « le magnifique ») par les Indiens. Ce mont est entouré d'un paysage de toundra, de glaciers, de forêts et de rivières.

Les Indiens

De nombreuses tribus indiennes se sont installées dans les Rocheuses, tels les Cheyenne. Chaque tribu avait son totem, un animal dont les vertus protégeaient les membres du clan.

Dans la région de l'Utah, le vent, l'eau et le gel ont sculpté des arches étonnantes.

***Delicate Arch**, 10 m de long et 14 m de haut.*

*Le **wapiti** habite les plaines et les forêts des Rocheuses canadiennes. Sa grande ramure, haute et effilée, peut peser plus de 15 kg.*

*La **chèvre des Rocheuses** est très agile. Grâce aux coussinets élastiques qui garnissent ses sabots concaves, elle peut escalader les parois les plus escarpées.*

*Dès la fonte des neiges, en été, les **fleurs-pinceaux jaunes** fleurissent. Elles sont tapissées de poils qui protègent leur tige et leurs feuilles des rayons ultraviolets, du vent, du froid et des déperditions d'eau.*

EN EUROPE

L'Europe est traversée par de grandes chaînes montagneuses : les Pyrénées, les Alpes, la chaîne des Carpates et le Caucase, où se dresse le plus haut sommet d'Europe, le mont Elbrouz (5 642 m). Les Alpes comptent 80 sommets de plus de 4 000 m d'altitude, comme le mont Blanc (4 810 m) ou le Cervin (4 478 m). Au cœur de l'Europe, les Carpates s'étendent sur 1 500 km et culminent au pic Gerlachovsky (2 655 m). À côté de ces montagnes jeunes, l'Europe possède aussi de nombreux massifs anciens comme, en France, le Massif central et les Vosges ou, dans le nord de l'Écosse, les Highlands.

Les Alpes

Les Alpes, qui forment un arc de cercle de 1 200 km de long, s'étendent sur 7 pays : France, Suisse, Italie, Liechtenstein, Allemagne, Slovénie, Autriche. Le massif du Mont-Blanc compte 70 glaciers.

La mer de Glace, longue de 11 km

Les Pyrénées

Nées il y a 45 millions d'années, elles sont couronnées de pics acérés et entaillées de profondes vallées. L'érosion des glaciers a creusé des cirques imposants, comme celui de Gavarnie. Ayant plus de 6 km de circonférence, il est encerclé par des murailles rocheuses pouvant atteindre plus de 1 500 m. Du haut du cirque coulent de nombreuses cascades ; l'une d'entre elles, la plus haute d'Europe, atteint 420 m.

Mont Elbrouz

et épaisse par endroits de 400 m, est le plus grand glacier français et le 3e des Alpes. On y accède par un train à crémaillère.

*Le **glacier des Bossons** est remarquable par son dénivelé, l'un des plus grands du monde : depuis le sommet du mont Blanc (4 810 m) d'où il part, il descend jusqu'à 1 180 m. Ce glacier se distingue aussi par son étonnante blancheur, due à une glace très froide, car formée en très haute altitude et remplie de bulles d'air. Il faut environ une soixantaine d'années pour que la glace accumulée en altitude arrive tout en bas du glacier.*

Le Caucase

La chaîne du Caucase, dans l'est de l'Europe, s'étend sur près de 1 300 km, de la mer Caspienne à la mer Noire, et forme une frontière naturelle entre l'Europe et l'Asie. Le point culminant de la chaîne est le mont Elbrouz (5 642 m), en Russie. C'est un volcan éteint dont le sommet est couvert de neiges éternelles. Le Caucase compte beaucoup d'autres sommets de 5 000 m, comme le mont Ararat (5 165 m), dans le sud de la chaîne. L'ouest du Caucase, très humide, est recouvert d'épaisses forêts, tandis que l'est, aride, est occupé par la steppe.

La sierra Nevada

Ce massif montagneux, situé en Andalousie, dans le sud-est de l'Espagne, appartient aux cordillères Bétiques, qui s'étendent sur 800 km de Gibraltar au cap de la Nao. Son nom signifie « sommets enneigés ». C'est le plus haut massif de la péninsule ibérique, qui culmine à 3 478 m, avec le pic Mulhacén. La sierra Nevada abrite 66 espèces végétales et 80 espèces animales. On y trouve aussi la plus haute station de ski d'Espagne.

FAUNE ET FLORE D'EUROPE

Animaux et végétaux sont nombreux dans les montagnes d'Europe. Pour survivre à des conditions difficiles (vent, neige, gel, rayonnement solaire intense...), les fleurs se couvrent de poils, adoptent des couleurs vives ou poussent serrées en coussinets. Les animaux doivent eux aussi s'adapter au froid de l'hiver : certains changent de couleur pour se fondre dans le paysage (hermine, lagopède), d'autres migrent vers les pays chauds (oiseaux) ou hibernent dans un terrier (loir, marmotte). Chamois et bouquetins redescendent dans les forêts et les vallées pour se nourrir.

Une faune riche

La marmotte, le chamois, le bouquetin et le lagopède vivent dans les prairies d'altitude entre 1 500 et 3 000 m. À la belle saison, les marmottes, toujours en groupe, se nourrissent en abondance d'herbes, de feuilles, de fruits et de racines. Le lagopède, lui, est un as du camouflage : son pelage est brun en été, moucheté de gris en automne et blanc en hiver, pour se fondre dans l'environnement. Quant au chamois et au bouquetin, ce sont les rois de l'escalade. Le bouquetin, grâce à ses sabots qui adhèrent bien au sol, saute d'un rocher à l'autre et grimpe les pentes les plus escarpées. Le chamois,

Les gentianes

Ces fleurs en forme de trompette ou de clochette sont bleues, violettes ou jaunes. Leurs feuilles ovales contiennent des substances chimiques qui éloignent les herbivores. On les trouve dans les pâturages d'altitude, au-dessus de 2 000 m.

Les pensées

Ce sont des plantes vivaces, c'est-à-dire qu'elles vivent plusieurs années. Leurs fleurs sont violettes, jaunes, parfois même bicolores. Elles poussent dans les prairies et les éboulis jusqu'à 2 400 m d'altitude.

Les lis des Pyrénées

Ces lis sauvages ont une longue tige et des pétales jaunes tachetés de marron. Ils peuvent croître jusqu'à 2 200 m dans les prés et à l'orée des bois, et fleurissent l'été. Le lis des Pyrénées a des vertus médicinales : il peut soigner brûlures et piqûres. C'est une espèce protégée.

Les edelweiss, ou « étoiles des glaciers »

Ils poussent entre les rochers, de 1 500 m jusqu'à 3 000 m. Leurs feuilles sont blanc argenté et duveteuses, et leurs poils les protègent du froid et du dessèchement. Les edelweiss fleurissent entre juillet et septembre.

avec ses longues pattes, peut passer au-dessus de crevasses de plus de 5 m de large, et sauter d'une hauteur de plus de 2 m. Depuis le sommet des falaises, l'aigle royal repère sa proie (marmotte, lagopède, chocard), fonce sur elle à grande vitesse, plus de 100 km/h, la saisit entre ses serres, puis l'emporte jusqu'à son nid. Pour protéger la faune et la flore des montagnes, on a créé les parcs nationaux. Dans les Alpes, le parc de la Vanoise, en France, a permis de protéger les bouquetins, et celui du Mercantour a rendu possible le retour du loup, menacé de disparition.

L'ours brun

L'ours brun vit en forêt. Omnivore, il mange des insectes, de petits rongeurs et beaucoup de fruits (myrtilles, framboises, glands). Pour vivre, il a besoin d'un espace vital de 100 à 400 km^2. La femelle pèse environ 120 kg ; le mâle peut atteindre 250 kg. De décembre à mars, l'ours brun hiberne dans sa tanière, mais se réveille de temps en temps pour faire de petites escapades à l'extérieur. Il est en voie de disparition dans les Pyrénées, où on a réintroduit des ours slovènes en 1996 et 1997, puis en 2006.

*Le **bouquetin** mâle a de longues cornes recourbées vers l'arrière ; le **chamois** a de petites cornes bien droites.*

Les saxifrages

Leur nom signifie « qui brise les pierres ». Les saxifrages se logent dans les crevasses des rochers, où plongent leurs longues racines. Ces plantes forment de petites touffes, ou coussinets, dans les éboulis et sur les falaises.

EN AFRIQUE

Les plus hauts sommets d'Afrique sont d'origine volcanique, comme le Kilimandjaro et le mont Kenya. Bien qu'ils soient situés près de l'équateur, ils sont coiffés de neiges éternelles. Avec de nombreux autres volcans, ils jalonnent la vallée du Rift, un gigantesque fossé résultant d'une grande fracture de l'écorce terrestre il y a 5 à 8 millions d'années. Certains de ces volcans sont encore actifs, comme l'Ol Doinyo Lengai, en Tanzanie. Les hautes terres, de l'Éthiopie à l'Afrique du Sud, abritent de nombreuses populations. Les forêts de ces montagnes reçoivent des pluies qui alimentent en eau les grands fleuves, tels le Nil ou le Congo.

Le Kilimandjaro

Situé en Tanzanie, près de la frontière avec le Kenya, le Kilimandjaro (5 895 m) est le point culminant de l'Afrique, visible à plus de 100 km au milieu de la savane. Il est formé de 3 anciens volcans : le Shira (3 962 m), le Mawenzi (5 149 m) et le Kibo (5 895 m), rebaptisé pic Uhuru, ce qui signifie « liberté ». Les Massaï, peuple d'éleveurs du Kenya et de la Tanzanie, vivent au pied de la montagne parmi les gnous, les zèbres et les girafes. Ils parcourent de longues distances avec leur bétail (vaches, taureaux, moutons, chèvres) en quête de pâturages.

Au sommet du Kilimandjaro, des falaises de glace bouchent le cratère.

Massaï

Le mont Kenya

Le mont Kenya (5 199 m) est le plus haut sommet d'Afrique après le Kilimandjaro. Ce volcan, né il y a plus de 3 millions d'années, est formé de trois pics : le Batian (5 199 m), le Nelion (5 189 m) et le Lenana (4 895 m). On trouve dans ce massif 11 glaciers. Les versants sud et ouest abritent de nombreux villages. Les Kikuyu, peuple du Sud-Kenya, cultivent pommes de terre, maïs, haricots et millet. Au milieu des fougères géantes et des orchidées des forêts d'altitude, on trouve des éléphants, des léopards ou des singes.

Le Hoggar

Situé en Algérie, le Hoggar est le plus élevé des massifs du Sahara. Ce vieux massif volcanique hérissé de pitons rocheux se dresse au milieu d'un plateau de granit et de gneiss. Il s'étale sur 250 km et culmine au Tahat, à 2 918 m. Il est entouré de tassilis (mot berbère qui signifie « plateau ») de grès. Ce sont les grands écarts de température, le vent, le sable, le soleil et le gel qui ont façonné et usé les roches, leur donnant ces formes étonnantes. Le peuple touareg, réfugié dans le Hoggar, vit de l'élevage de chèvres, de moutons ou de chameaux.

L'Atlas

La chaîne de l'Atlas s'étend sur toute l'Afrique du Nord, du Maroc à la Tunisie. La chaîne centrale, appelée Haut Atlas, barre sur 700 km le cœur du Maroc. Une douzaine de sommets atteignent 3 900 m, le plus élevé étant le mont Toubkal (4 165 m).

Sur les versants abrupts et dans les vallées encaissées de l'Atlas se sont installés les Berbères, premiers habitants du Maghreb. Ils cultivent la terre (orge, blé, dattes, noix) dans des champs en terrasses, et font paître leurs brebis dans les prairies d'altitude.

Berbère

LES ACTIVITÉS

Les montagnes sont des lieux de vie. Traditionnellement, les montagnards vivent de culture et d'élevage, mais aussi de l'exploitation des ressources forestières (bois pour le chauffage, la construction, la pâte à papier...), minières (plomb, argent, cuivre, étain, zinc, or, houille...) et hydroélectriques. Au XXe siècle, avec l'essor des sports d'hiver, une vraie révolution touristique bouleverse le paysage et l'économie de la haute montagne. Plusieurs générations de stations de sports d'hiver voient le jour. Les pistes enneigées deviennent alors des atouts essentiels pour les régions montagneuses.

L'agriculture et l'élevage

En montagne, on pratique l'agriculture et l'élevage dans les vallées et sur les versants ensoleillés (adrets). Au printemps et en été, les bêtes sont conduites dans les alpages (pâturages d'altitude). Pour rester concurrente, l'agriculture montagnarde, difficile à exploiter, a dû se spécialiser dans certains produits de qualité tels que la viande ovine et bovine et de nombreux fromages. Dans les Andes, par exemple, les cultures (canne à sucre, maïs, pomme de terre) et l'élevage des lamas font vivre de nombreuses populations. L'artisanat complète souvent les revenus agricoles.

L'hydroélectricité

On utilise l'eau des pluies et de la fonte des neiges ainsi que la puissance des torrents pour produire de l'électricité. Appelée « houille blanche », cette hydroélectricité a pris naissance dans les Alpes, puis s'est diffusée dans les autres massifs du monde. On a construit de grands barrages, fermant les hautes vallées qui ont alors été englouties sous les lacs de retenue. Les usines hydroélectriques sont souvent implantées dans des vallées. En France, 10 % de la production électrique provient de ces installations en montagne.

Les stations de sports d'hiver attirent chaque année des milliers de touristes.

Les sports d'hiver

La naissance des sports d'hiver, après la Première Guerre mondiale, va peu à peu bouleverser le paysage montagnard. En 1924, à Chamonix, ont lieu les premiers jeux Olympiques d'hiver. À partir de 1960, le ski connaît un essor remarquable et de nombreuses stations de sports d'hiver se construisent. Les stations sont soit groupées autour de villages existants (Tyrol autrichien), soit installées en altitude (La Plagne, en France) au milieu d'immenses domaines skiables. Les Alpes sont devenues la première montagne touristique du monde. L'engouement pour les sports d'hiver s'est étendu à d'autres massifs d'Europe, d'Amérique du Nord et d'Asie. Cette révolution touristique a entraîné de nombreux aménagements (remontées mécaniques, réseaux routiers et autoroutiers, hôtellerie).

Un espace de loisirs

Été comme hiver, la montagne accueille chaque année des milliers de touristes venus pratiquer un large éventail de sports : les sports de glisse hivernaux (ski alpin, ski de fond, snowboard, luge, patinage), mais aussi escalade, alpinisme, randonnée, spéléologie. À la belle saison, la montagne offre également bien d'autres activités telles que la luge d'été, les sports d'eau vive (canoë, kayak, rafting, canyoning), le vélo tout-terrain, le quad et la moto trial. Enfin, dans les airs, on peut faire du deltaplane et du parapente.

À la montagne, il y en a pour tous les goûts : les amateurs de sensations fortes peuvent s'adonner aux joies du rafting ou du surf des neiges, les moins téméraires peuvent profiter des magnifiques paysages et de l'air pur grâce à de longues randonnées.

À L'ASSAUT DES GRANDS SOMMETS

L'alpinisme est né à Chamonix, avec la conquête du mont Blanc en 1786. La plupart des grands sommets des Alpes sont atteints avant 1850. L'alpinisme se développe avec les guides de Chamonix et de grands alpinistes anglais comme Whymper, qui réussit l'ascension du Cervin, en Suisse, en 1865. Peu après, de nombreux sommets sont conquis hors de l'Europe : le Kilimandjaro en 1887, l'Aconcagua en 1897, le mont McKinley en 1913. Mais le défi majeur reste l'Himalaya, dont les sommets seront vaincus après la Seconde Guerre mondiale.

La fiancée du mont Blanc

En 1808, Marie Paradis, une paysanne savoyarde, est la première femme à atteindre le sommet du mont Blanc. Trente ans plus tard, en septembre 1838, la comtesse Henriette d'Angeville décide elle aussi de gravir le mont Blanc. Le 3 septembre 1838, à 4 h 30 du matin, elle part avec six guides. L'ascension est épuisante. Le lendemain, elle atteint le sommet et lâche un pigeon chargé d'un message annonçant son succès. Les femmes s'avèrent des alpinistes remarquables.

Pantalon bouffant, style zouave, et jupe ample : telle était la tenue « sportive » qu'Henriette d'Angeville avait dessinée elle-même !

Maurice Herzog

La conquête du mont Blanc

En 1760, le savant genevois Horace Bénédict de Saussure lance un défi et promet une forte récompense au premier qui atteindra le sommet du mont Blanc. C'est seulement 26 ans plus tard qu'un médecin, Michel Gabriel Paccard, et un paysan, Jacques Balmat, se lancent à l'assaut de ce sommet. Le 8 août 1786, lors de leur deuxième tentative, le mont Blanc est vaincu.

L'expédition de Saussure

Le 2 août 1787, un an après l'exploit de Paccard et Balmat, Saussure part à son tour conquérir le mont Blanc, accompagné de son valet de chambre et de dix-huit guides et porteurs, dont Balmat (voir image ci-contre). Saussure emporte avec lui un volumineux matériel scientifique, des provisions, du bois de chauffage et du charbon (car il faut faire fondre la neige pour avoir de l'eau à boire). L'équipe se sert d'échelles pour franchir les crevasses. Parvenus au sommet des Alpes, ils restent plusieurs heures là-haut pour faire des observations scientifiques. L'alpinisme est né.

L'Annapurna

En juin 1950, le Français Maurice Herzog, avec trois autres alpinistes (Louis Lachenal, Lionel Terray et Gaston Rébuffat), part pour l'ascension de l'Annapurna. Une voie d'accès est trouvée et, malgré l'épuisement et de violentes tempêtes de neige, c'est à bout de forces que, le 3 juin, Herzog et Lachenal atteignent les 8 078 m du sommet. Le grand froid les oblige à redescendre, les mains et pieds gelés. Alors que Herzog va s'effondrer, l'équipe rejoint le camp de base. C'est la première fois qu'un sommet de plus de 8 000 m est conquis. L'ère des grandes ascensions est ouverte.

La conquête du toit du monde

Entre 1921 et 1938, sept expéditions tentent l'ascension de l'Everest. La huitième, organisée en 1953 par le colonel J. Hunt, se compose de douze alpinistes et du sherpa Tenzing, le chef des porteurs. Le 12 avril 1953, l'expédition parvient au camp de base à 5 400 m. Le col sud est franchi le 21 mai. Le 29 mai 1953, les deux hommes désignés pour le dernier assaut, Edmund Hillary et Tenzing Norgay, atteignent le sommet (8 850 m) à 11 h 30. Pour la première fois dans l'histoire, deux alpinistes sont sur le toit du monde. C'est un triomphe.

Edmund Hillary et Tenzing Norgay

Reinhold Messner

Les géants de l'Himalaya

Reinhold Messner est l'un des plus grands alpinistes de notre époque. Entre 1975 et 1986, il est le premier à réussir l'ascension de quatorze sommets de plus de 8 000 m. Dès 1975, il réalise avec Peter Habeler la première ascension d'un plus de 8 000 m, sur le Gasherbrum, dans le Karakorum (8 068 m), sans porteur ni apport d'oxygène. Puis, en 1978, les deux hommes parviennent au sommet de l'Everest sans oxygène. Ils ont innové le style alpin : pas d'oxygène, un matériel léger, pas ou peu de porteurs. En 2006, Juan Oiarzabal est le premier alpiniste à avoir conquis 21 sommets de 8 000 m sans oxygène, battant le record de Messner.

Une exploratrice alpiniste

Laurence de La Ferrière a gravi les plus hauts sommets du monde. En 1984, elle a fait l'ascension du Kangchenjunga (8 586 m), dans l'Himalaya, remportant le record mondial féminin d'altitude sans oxygène. Parmi les ascensions inscrites à son palmarès figurent l'Annapurna (8 078 m), le Nanga Parbat (8 126 m), le Kilimandjaro (5 895 m) et l'Aconcagua (6 959 m). Laurence de La Ferrière est aussi la première femme au monde à avoir traversé intégralement l'Antarctique. En 2006, elle réussit en 100 jours la Grande Traversée des Alpes de l'Autriche à la France, sur 1 500 km, avec 15 sommets à gravir et 38 massifs à traverser.

Laurence de La Ferrière

TABLE DES MATIÈRES

ISBN : 978-2-215-08643-7

Dépôt légal à la date de parution.
Conforme à la loi n° 49-956 du 16 juillet 1949
sur les publications destinées à la jeunesse.
Imprimé en Italie (01/07)

La mer de Glace
dans les Alpes du Nord (France)

Cultures en terrasses sur l'un
des versants de l'Himalaya (Asie)

Le Perito Moreno
dans les Andes
(Amérique du Nord)

Ascension de l'Everest
dans la chaîne de l'Himalaya
(Asie)

Surfeur des neiges

Le Haut Atlas
(Afrique)

Le mont Kenya
(Afrique)

Des Amérindiens au marché
dans les Andes (Amérique du Sud)